AF264121

Lb 56
2041

LE CORPS LÉGISLATIF

LE MEXIQUE ET LA PRUSSE

PARIS. — IMP. SIMON RAÇON ET COMP., RUE D'ERFURTH, 1.

LE
CORPS LÉGISLATIF

LE MEXIQUE ET LA PRUSSE

PAR

ALBERT DE BROGLIE

DE L'ACADÉMIE FRANÇAISE

Extrait du CORRESPONDANT

BIBLIOTHÈQUE IMPÉRIALE IMPR.

DÉPÔT LÉGAL
Seine
N° 6320
1868

PARIS

CHARLES DOUNIOL, LIBRAIRE-ÉDITEUR

29, RUE DE TOURNON, 29

—

1868

SEINE
IMPERIAL.
TIMBRE

LE CORPS LÉGISLATIF

LE MEXIQUE ET LA PRUSSE

LETTRE AU RÉDACTEUR EN CHEF DU *CORRESPONDANT*

Monsieur le rédacteur,

Après neuf mois d'une session laborieuse, le Corps législatif s'est séparé sans que le gouvernement lui ait fait officiellement savoir s'il devait se réunir une fois de plus ou s'il serait renvoyé devant ses électeurs pour solliciter le renouvellement de son mandat. Quoi qu'il en soit, les jours de cette Assemblée sont comptés. Dût-elle, comme on le pense aujourd'hui, tenir séance quelques mois encore pour résoudre des questions urgentes ou terminer des travaux indispensables, sa tâche est accomplie et rien ne viendra plus altérer le jugement qui doit être porté sur son compte. Me trompé-je si je pense que ce jugement est résumé dès à présent en quelques traits saillants — deux ou trois, pas davantage, — comprenant sa naissance, sa vie et sa mort, et dont le rapprochement n'est pas moins plein d'instruction que d'intérêt?

Le Corps législatif qui a vu le jour en 1863, et dont 1869 amène le terme légal, a été le produit éclatant et avoué du système électoral encore en vigueur sous le nom de candidatures officielles. Parmi les deux cent quatre-vingts membres qui l'ont composé, on n'en compterait pas cinquante dont le nom n'ait pas eu l'honneur d'être imprimé en gros caractères sur l'affiche blanche, puis répété en chœur aux échos des campagnes par le concert unanime des préfets, des sous-préfets, des commissaires de police, des agents-voyers, des gardes champêtres et des instituteurs. On en compterait moins encore dont l'élection n'ait pas été célébrée dans tous les journaux de préfecture, comme le triomphe propre et personnel du gouvernement, comme la preuve irrécusable soit de la popularité de sa politique, soit de l'habileté de ses agents.

Ainsi conçue et née dans le secret des régions administratives, cette Chambre ne pouvait manquer de garder l'empreinte d'une si haute origine. Son dévouement au pouvoir qui a présidé à son berceau n'a pas cessé de présenter le caractère confiant, mélange de respect et de tendresse, qui convient à la piété filiale. Aucun dissentiment n'est venu troubler l'harmonie des premiers jours. Dans le cours de ses cinq années d'existence, combien nommerait-on soit de propositions écartées, soit d'amendements adoptés contre le vœu formel d'un ministre? L'énumération serait bientôt faite, car vraiment je ne crois pas qu'il y en ait *jusqu'à trois* qu'on *pourrait citer.*

Voilà quelle fut sa vie, parfaitement conforme à sa naissance ; voici maintenant comment elle meurt. Son testament, qu'elle a pris soin de rédiger elle-même en pleine connaissance, ne consiste qu'en deux articles : une loi sur le recrutement de l'armée, qui accroît de deux ans pour l'avenir la durée du service militaire, le fait remonter, sous une forme nouvelle, de deux autres années en arrière, et l'étend ainsi transformé à la génération tout entière ; un budget de deux milliards deux cents millions qui appelle à son aide, pour suppléer à son insuffisance, un emprunt de quatre cent vingt-neuf millions. En sorte qu'on pourrait graver sur sa tombe cette épitaphe : « De l'élection la plus conforme et de la majorité la plus sympathique aux vœux de l'administration, sont sortis le budget le plus élevé et le service militaire le plus pesant que nous ayons mémoire d'avoir supportés. »

Pensez-vous, monsieur, et les électeurs pensent-ils qu'entre ces trois faits — une élection opérée avec l'auxiliaire des préfets, une majorité toujours d'accord avec les désirs des ministres, et un accroissement continu des charges militaires et financières du pays — il n'y ait aucun lien logique, mais une simple coïncidence? Le lien, au contraire, est si intime à la fois et si apparent, que l'œil d'un enfant pourrait le discerner. Une Chambre que le pouvoir se vante tout haut d'avoir fait élire, se ferait conscience de se montrer ingrate envers celui qui l'a aidée à naître ; mais, comme elle n'a rien à offrir de son propre fonds, il est toujours à craindre qu'elle ne témoigne sa reconnaissance aux dépens des forces et des deniers du pays, dont elle est dépositaire. Ainsi tout s'enchaîne : l'élection trop officielle produit les élus trop bienveillants, et l'électeur trop docile, qui a prêté la main à cet échange de politesse, ne doit s'en prendre qu'à lui-même si, en fin de compte, c'est sur lui qu'en retombent les frais.

Veut-on surprendre sur le fait et suivre dans le détail comment s'opère cette filiation de conséquences qui s'engendrent si naturellement l'une l'autre? Rien n'est plus aisé, et c'est une satisfaction d'esprit qu'il ne faut pas aller chercher bien loin. Il suffit de remonter à l'origine, encore très-récente, des charges nouvelles que nous allons supporter, pour se convaincre qu'elles ont toutes — aussi bien le surcroît de nos dépenses que l'aggravation du contingent — pour cause première et directe une série de concessions impolitiques faites par le Corps législatif au gouvernement. Concessions parfaitement volontaires, qu'aucune nécessité n'obligeait de faire et que nul n'était en droit d'exiger, mais qui sont les fruits à peu près inévitables d'une facilité de rapports naturelle et presque louable de la part d'un obligé envers son bienfaiteur.

Quelles sont, en effet, les causes évidentes et incontestables soit du déficit financier que l'élévation exorbitante de nos budgets ne suffit plus à couvrir, soit de l'accroissement inattendu qui est réclamé par notre état militaire? On en pourrait citer, surtout en ce qui touche les finances, de très-nombreuses, car les sources de nos dépenses sont très-variées, et les prodigalités de la paix y tiennent autant de place que les sacrifices de la guerre. Mais il en est deux pourtant qui frappent tous les yeux, que tout le monde avoue et qui, à elles seules, suffiraient abondamment à tout expliquer. Ces causes, vous les nommez avant moi, c'est d'abord la fatale expédition du Mexique : c'est ensuite l'ensemble de précautions rendues nécessaires par l'accroissement subit et menaçant de la puissance militaire de la Prusse.

On ne nous dit pas, et nous ne saurons probablement jamais, combien aura coûté en somme et tous frais payés le désastre de l'expédition du Mexique. Mais, sans recourir à un calcul bien compliqué, on se fait aisément une idée de ce qu'il a dû sortir d'écus du Trésor pour transporter, entretenir, renouveler quatre années durant trente à quarante mille hommes à 3,000 lieues au delà des mers, dans un pays dénué de tout, sous le feu d'une guerre continue. Vivres, fourrages, munitions, ambulances, transport d'hommes, de bêtes et de trains, routes et ponts à ouvrir ou à construire, on sait ce que tout cela vaut, même à la porte de France, et l'imagination s'effraye quand on songe qu'il a fallu pendant quatre mortelles années multiplier tous ces chiffres par une quantité croissante en raison directe de la distance. Tout cela pour rien, vous le savez, pour revenir (ceux du moins qui sont revenus) comme on était parti, sans avoir rien gagné ni rien sauvé de ce qu'on allait là-bas chercher, fonder ou défendre. Je me trompe, on en a rapporté quelque chose, c'est une créance de soixante à quatre-vingts millions à payer pour indemniser les prêteurs simples ou cupides qui avaient cru pouvoir placer leur argent à gros intérêts et avec prime sur la tête d'un empire installé, puis déserté par nos armes. Ces quatre-vingts millions à payer aux porteurs d'obligations mexicaines complètent et couronnent le total inconnu des frais de cette triste et sotte aventure. Avec cet appendice, on ne risque pas d'exagérer en imputant au seul chapitre de l'expédition du Mexique les deux tiers pour le moins de l'emprunt qui va ajouter un nouveau feuillet au livre déjà trop volumineux de la dette publique.

Le reste, avec la loi de l'armée, sera consacré à faire face aux armements indispensables pour tenir tête à l'agrandissement de la Prusse. Contre une puissance militaire et victorieuse, subitement enflée au point de passer de dix-neuf à trente-cinq millions d'hommes, et armée tout entière à soixante et dix lieues de Paris, sur une frontière très-mal défendue, quelques précautions patriotiques sont devenues, chacun en convient, indispensables. De là le changement coûteux de notre armement, la reconstruction non moins onéreuse de la plupart de nos citadelles, enfin l'accroissement de l'effectif en état de figurer sur un champ de bataille un jour de péril. Aucun bon citoyen ne conteste, dans une certaine mesure du moins, cette nécessité ; mais il n'en est pas moins vrai qu'à eux seuls ces deux noms, le Mexique et la Prusse, rendent compte très-suffisamment et du budget de 2 milliards, et de l'emprunt de 400 millions, et de l'armée de 800,000 hommes.

Or, le malheur veut et la vérité oblige à dire que ces deux causes de nos dépenses et de nos sacrifices, ces deux sources de nos embarras et de nos souffrances, la majorité du Corps législatif a été pleinement en liberté et solennellement mise en demeure de les prévenir à leur origine. Pour les étouffer à leur naissance, il lui suffisait d'opposer par deux votes (deux seulement par exception) une résistance respectueuse, nullement factieuse ni usurpatrice, pleinement dans la limite de ses droits, à un projet non encore accompli du gouvernement. Elle l'a pu et ne l'a pas voulu. L'occasion lui en a été les deux fois offerte, et c'est volontairement qu'à chaque épreuve elle a refusé de la saisir.

Cette proposition surprendra peut-être les mémoires courtes et les esprits superficiels ; mais, les faits à la main, je défie qu'on la réfute. N'est-il pas vrai (qui pourrait le contester ?) qu'au moment où le Corps législatif actuel s'est réuni, l'expédition de l'armée française au Mexique, bien que malheureusement entreprise, n'était encore qu'à sa première phase, et qu'aucun engagement irrévocable ne retenait nos soldats sur le sol du nouveau monde ? Cela est certain, car l'infortuné Maximilien n'avait pas quitté l'Europe, et l'idée à la fois burlesque et funeste de fonder un empire à 3,000 lieues de France au profit d'un archiduc autrichien n'avait pas encore reçu un commencement d'exécution. Nos troupes, entrées par la brèche à Puebla, pouvaient dicter leurs conditions aux vaincus, puis revenir à leur jour et à leur gré, emportant avec elles notre drapeau sans tache, laissant derrière elles notre bonne foi et notre honneur intacts. N'est-il pas vrai de plus (qui pourrait encore le contester?) que la demande de ce rappel si opportun de nos troupes fut faite par un amendement proposé en janvier 1864, dans la première Adresse votée par le Corps législatif à peine élu[1]? N'est-il pas vrai également (qui pourrait supposer le contraire?) que si cet amendement eût réuni la majorité des votes, le gouvernement, averti du vœu national et libre encore de ses mouvements, eût été contraint de s'arrêter à temps, et d'envoyer à Puebla comme à Miramar, à nos diplomates comme à nos généraux, un contre-ordre salutaire? N'est-il pas vrai enfin que cette majorité, sollicitée, conjurée par d'éloquents discours, ne fut pas obtenue, et qu'il s'en est fallu de toute la différence de quarante à plus de deux cents suffrages? Tout cela est-il vrai? La question est inutile quand la contestation est impossible.

Le *Moniteur*, l'inflexible *Moniteur*, est là pour enregistrer à la suite le texte de l'amendement, les discours étincelants de bon sens qui l'appuyèrent, puis les noms de la petite élite qui eut la prudence d'y rester fidèle, et de la masse écrasante qui prit sur elle de le rejeter.

N'est-il pas vrai, en second lieu (qui pourrait encore ici élever même l'ombre d'un doute?), que plus tard, le 11 juin 1866, à la veille du conflit qui a porté la Prusse à l'apogée de sa puissance, un document officiel fut lu au Corps législatif, dans lequel (on n'a jamais su et on ne saura jamais pourquoi) l'ambition déjà très-visible de cette monarchie était manifestement favorisée par le gouvernement français? N'est-il pas vrai que, dans ce document, la Prusse était encouragée à poursuivre l'extension de son territoire et la rectification de ses limites? N'est-il pas vrai qu'à la suite de cette lecture, une fraction de l'assemblée demanda avec instance qu'un débat fût ouvert pour examiner à fond et repousser avec énergie une politique si nouvelle et si opposée aux traditions de la France? Si ce débat avait eu lieu, et si l'opinion des représentants de la France se fût montrée aussi contraire aux visées ambitieuses de la Prusse que celle du gouvernement lui était favorable, n'est-il pas certain

---

[1] L'amendement au projet d'Adresse de 1864 était ainsi conçu : « En applaudissant au courage et à l'héroïque persévérence de ses soldats, la France se préoccupe des proportions et de la durée de l'expédition du Mexique. Elle désire vivement qu'une conclusion prochaine fasse cesser les sacrifices que cette expédition nous coûte et prévienne les complications politiques dont elle pourrait devenir l'occasion. » Cette rédaction si modérée fut repoussée par 204 voix contre 47, malgré les discours de MM. Thiers, Berryer et Jules Favre. (Séances des 26 et 27 janvier 1864.)

que, dans cette contradiction, c'est le gouvernement qui aurait dû
déférer au vœu national ? Et qui peut douter alors que l'opposition de
la France, venant à l'aide à l'Autriche encore intacte, eût arrêté l'es-
sor de la Prusse et changé le cours des événements en Allemagne ?
Mais qui ne se rappelle qu'au contraire rien ne put décider la majorité du Corps législatif à souffrir sur ce point capital même une
heure de discussion, et qu'ainsi l'agrandissement prévu et annoncé
de la Prusse se trouva couvert d'avance par le silence, sinon appro-
bateur, au moins résigné des députés de la France ? Encore un coup,
tout cela est-il vrai ? Il est superflu d'insister quand il est impossible
de démentir. Ici encore, le *Moniteur* est présent et garde la trace des
protestations d'une minorité réduite au silence par les dénégations
d'une majorité impatiente [1].

Si tout cela, monsieur, est la réalité pure, si c'est l'histoire, sim-
plement l'histoire qui atteste ces faits de sa voix éloquente et sévère,
qu'en résulte-t-il? Sinon ce que je disais tout à l'heure, c'est que
l'expédition du Mexique et l'accroissement de la Prusse sont des événements qui pouvaient être évités et dont le Corps législatif, qui les
a laissés s'accomplir, partage avec le gouvernement la responsabilité
devant le pays? L'un a proposé, l'autre a consenti; c'est tout un [2].
Ajoutons qu'on ne saurait avoir pris part à la cause sans être engagé
pour la même part dans les effets. Or, ces effets, nous les connais-
sons : pour ne parler que des moins déplorables, ce sont des écus
par millions retirés de la fortune publique et de jeunes Français par
milliers dont le soutien peut d'un jour à l'autre être enlevé à leur
famille et les bras à l'agriculture.

Je comprends combien cette conséquence est gênante pour ceux
qu'elle touche et combien ils doivent désirer d'en rejeter loin d'eux
le fardeau. Je me mets à leur place et je me figure, avec une pénible
sympathie, de quelle angoisse ma conscience serait pénétrée, si je
pouvais la croire intéressée, de près ou de loin, même pour la plus
faible part et la plus indirecte, dans les lugubres souvenirs de Que-
retaro et de Sadowa. Dates sanglantes qui rappellent à un cœur français soucieux de la renommée ou de la grandeur nationale bien autre
chose encore que des intérêts compromis. Quel regret (le mot est
bien faible : un autre vient naturellement sur les lèvres, mais ce-
lui-là peut-être serait trop dur), quel regret de pouvoir se dire : Tel
jour, à telle heure, si mon vote eût été différent, si j'avais voulu, si

---

[1] A la séance du 12 juin 1866, c'est-à-dire au moment même où les armées de
la Prusse entraient en campagne, 202 voix contre 54 déclarèrent qu'il n'y avait pas
lieu de discuter et refusèrent d'écouter M. Thiers.

[2] Voir le discours de M. Rouher à la séance du 10 juillet 1867.

j'avais su, si j'avais osé, peut-être une terre lointaine n'eût pas dévoré
la dépouille de vingt mille Français tombés dans une lutte stérile ;
vingt mille autres, presque aussi à plaindre, n'auraient point eu la douleur de se retirer, l'arme au bras, abandonnant à des bourreaux leurs
alliés de la veille, pour obéir à la sommation d'un ministre étranger.
La France n'aurait ni manqué à une promesse ni reculé devant une
menace. Son nom n'eût pas été prononcé, avec l'amertume du déses-
poir, dans l'agonie d'un malheureux prince ou dans le délire d'une
femme royale. Puis quelle douleur, moins poignante peut-être, mais
non moins profonde d'ajouter : Tel autre jour, dans une heure non
moins solennelle, si j'avais eu la patience d'écouter, au lieu d'une
résignation si empressée à faire silence, peut-être une parole pro-
noncée au nom de la France aurait arrêté dans son germe le dévelop-
pement d'une grandeur rivale qui menace ma patrie, aujourd'hui
dans sa prépondérance, demain peut-être dans sa sécurité ! Quoi !
tout cela, toutes ces suites amères et sanglantes pour un vote donné
peut-être légèrement et sans y penser ! Tant de maux à perte de vue
pour un quart d'heure de complaisance inattentive ! Le contraste est
affligeant sans doute. Mais, hélas ! qu'y faire aujourd'hui ? Prévus ou
non, les actes portent leurs fruits : le mandat législatif a ses conséquences qu'il faut mesurer avant de s'exposer à les encourir. A
quoi serviraient d'ailleurs de vains ménagements de parole ? Ne faut-
il pas que tôt ou tard l'heure arrive où les choses reprennent leur
nom, où la vérité réclame ses droits, où chacun doit régler ses comptes
avec elle ?

Encore si, en recueillant ces malencontreux souvenirs, on pouvait
se rendre à soi-même le témoignage que ces résolutions à jamais
funestes ont été prises sous l'empire d'une véritable aberration de
jugement ! Si, en y adhérant, on avait cédé à une illusion sincère,
comme était celle (il faut bien le croire) du gouvernement qui les
suggérait ! Si on s'était flatté sérieusement de l'espoir qu'un empire
florissant pouvait être fondé, sans trop de peine ni de sang, sur les
rives du Pacifique, pour l'honneur et le salut des races latines du
nouveau monde : ou bien, que sais-je encore? Que les mines de la
Sonora renfermaient dans leur sein un nouveau Potose pour remplir
de flots d'or nos caisses mises à sec ! Si, plus tard, en ouvrant à
l'ambition de la Prusse une si facile carrière, on avait de bonne foi
compté sur sa délicatesse et son désintéressement ! Si on s'était naïve-
ment imaginé que, le lendemain de la victoire, la nationalité alle-
mande reconstituée allait nous offrir, en don gracieux et gratuit, la
cession des provinces du Rhin ! Il serait fâcheux sans doute pour des
politiques d'avoir, sur de si creuses apparences, couru au-devant de
si lourds mécomptes. Pourtant, après tout, l'erreur, même grossière,

est un ridicule, non point un tort, et si elle humilie l'amour-propre, elle ne charge pas la conscience. Mais vous savez, comme moi, que cette explication telle quelle d'un passé malheureux ne peut s'appliquer qu'à un petit nombre de ceux qui y ont concouru, et je ne crois même pas qu'aujourd'hui elle fût admise par aucun. Tout le monde sait que les espérances fondées sur les trésors du Mexique ou sur la générosité de l'Allemagne n'ont jamais rencontré que peu de créance, même auprès des plus dociles confidents du pouvoir, et alors même que, parées des charmes mystérieux de l'inconnu, elles étaient encore relevées par tous les arts de l'éloquence du ministre d'Etat. Aujourd'hui que l'événement en a déchiré les voiles et mis cruellement à nu la vanité, personne, absolument personne, ne voudrait passer pour en avoir subi un seul jour la séduction. Personne ne veut avoir été pris pour dupe des chimères des émigrés mexicains ou des artifices de M. de Bismark, et il n'est aucun de ceux qui ont momentanément connivé à ces entreprises, — ni député, ni courtisan (ni même ministre, me dit-on), — qui consente à justifier la pureté de ses intentions, en faisant à ce point les honneurs de son intelligence !

Quel peut donc avoir été le motif qui a porté tant d'hommes honorés du mandat électoral à faire courir à leur pays de telles aventures, en dépit des avertissements réitérés de l'opinion publique et de leurs pressentiments personnels? En y réfléchissant, vous n'en trouverez comme moi qu'un seul, celui que j'ai indiqué tout à l'heure, sentiment des plus naturels, peut-être, mais des moins politiques : l'excès d'une amitié reconnaissante. Sur ces deux graves intérêts, quand la Chambre s'est réunie, le gouvernement était engagé, sinon par ses actes, au moins par son langage. Se séparer de lui, c'était ébranler l'autorité de sa parole en France et peut-être en Europe. Il a conjuré ses amis de n'en rien faire, et des députés, la veille candidats officiels, qui devaient en partie au gouvernement leur qualité récente, ont hésité, par un scrupule bien concevable, à tourner contre lui l'instrument même dont il venait d'armer leurs mains. Voilà tout le mystère : mais voilà en même temps la conséquence et l'inconvénient démontrés d'une intimité trop étroite établie, à l'origine de l'élection, entre le pouvoir et le député futur. Cette intimité survit aux causes qui l'ont fait naître : elle passe du champ de bataille électoral à l'arène parlementaire, et il se forme comme un point d'honneur de ne la jamais rompre. Le moyen de se séparer en effet quand, pendant six semaines d'une lutte animée, on a vécu ensemble, administration et candidat, la main dans la main, sous la même tente, ayant même honneur et même intérêt à défendre, partageant les émotions, les périls, disons tout,

les frais de la guerre, faisant bourse et table communes, préparant
tout de concert jusqu'à la prose des circulaires et jusqu'à l'éloquence
des réunions publiques ! Quand on sort de là, on est frère et compa-
gnon d'armes : c'est à la vie et à la mort. Le moyen également de
penser qu'un gouvernement qui sait si bien choisir et si bien sou-
tenir ses candidats puisse mal choisir ou mal défendre sa politique,
et que le discernement qui le guide dans ses prédilections personnelles puisse l'abandonner dans la direction générale de l'État ! De
là chez le député naguère protégé une prévention naturelle qui le
porte à croire, jusqu'à preuve du contraire, et même contre de
fortes apparences, que le gouvernement, sur un débat qui s'é-
lève, doit toujours par quelque côté avoir raison. Survient-il pourtant quelqu'une de ces fautes, comme celles que nous venons d'énu-
mérer, trop saillantes pour qu'on puisse se les dissimuler à soi-
même? C'est alors le tour de la générosité qui s'émeut. Un gouvernement dans son tort, c'est un ami dans le malheur, et l'adversité
est l'épreuve de l'affection. C'est le moment où jamais de le couvrir
de son vote comme de son corps pour le soustraire aux sévérités de
l'opinion et aux récriminations triomphantes de ses adversaires.
Plus même la faute est grave et patente, plus le courage de la fidé
lité est méritoire.

Ainsi il n'y a personne à pendre, personne même à blâmer trop
sévèrement : il faut se garder même des soupçons injurieux dont les
partis sont trop prodigues : il n'y a ici (comme on a le tort de le
dire trop souvent) ni corrupteur, ni corrompu, ni maître impérieux
qui commande, ni serviteurs dociles qui obéissent. Loin de nous ce
vocabulaire vitupératif qui déshonore la polémique de la presse ! Il
n'y a qu'une éducation première donnée à une assemblée naissante,
à l'âge où les sentiments et les habitudes se forment, et qui la dis-
pose à être toujours de l'avis du gouvernement, quand il a raison
pour s'en réjouir avec lui, et quand il a tort pour compatir à ses
peines. Voilà comment on arrive à pratiquer envers les ministres
la définition de la charité chrétienne qui commence par tout croire
et finit par tout souffrir. Mais voilà aussi comment on fait, sans s'en
douter, les aventures du Mexique et les équipées de Sadowa !

Et voyez maintenant comment les meilleures intentions et les pré-
visions en apparence les mieux fondées sont trompées par le caprice
des événements. Nul doute que c'est pour assurer l'honneur et le
salut de l'empire que plus d'un député s'est résigné à contre-cœur et
avec un soupir à livrer passage à des fantaisies politiques dont il re-
doutait vaguement l'issue. Mais n'est-il pas évident qu'en fait ces
chers intérêts eussent été bien mieux assurés par les résolutions
contraires? L'événement ne démontre-t-il pas que si le Corps législatif,

plus confiant dans ses inspirations personnelles, eût usé de plus
de hardiesse et de moins de ménagement, il eût en réalité enlevé à
l'histoire du règne de Napoléon III les deux pages qui embarrasseront
le plus ses historiens, et délivré de ses plus mauvais rêves le som-
meil de ceux qui président à nos destinées? Je n'ai aucune qualité
pour pénétrer dans les pensées secrètes du chef de l'État : mais je le
sais homme et Français : cela me suffit pour être assuré que le jour
où il s'est vu contraint à revenir coûte que coûte du Mexique les mains
vides, il aurait payé chèrement le bonheur de ne point laisser sur
cette terre maudite un souverain ami prêt à tomber du trône au sup-
plice, et de céder au vœu d'une assemblée française plutôt qu'à l'in-
jonction arrogante d'un ministre américain. Et que dire de M. le
ministre d'État, qui, par le devoir de son office, a dû successivement
vanter du haut de la tribune les merveilles de l'empire d'outre-mer,
puis, à un an seulement de distance, en expliquer et en déplorer la
déroute? Malgré l'abondance et la souplesse de son talent, ah! qu'il
s'estimerait heureux, j'en suis sûr, s'il avait trouvé à la première
épreuve des accents moins persuasifs ou des auditeurs moins dociles,
et si la Chambre, par une décision opportune, lui eût épargné une
moitié de ces tours de force de rhétorique contradictoire! Je ne parle
pas des ministres de la guerre ou des finances : leur budget, gémis-
sant sous le faix des charges d'un passé stérile, parle assez haute-
ment pour eux.

Que signifie donc, monsieur, cet étrange résultat? On a cru rendre
un service, et voici qu'il se trouve qu'on a fait tort, et que ce sont
les ennemis prétendus qui ont donné le bon conseil, celui que chacun
regrette de n'avoir pas suivi. Cela veut dire d'abord et tout simple-
ment ce que tout le monde sait et ce qui est le refrain de tous les mo-
ralistes, c'est que la véritable amitié, pas plus en politique qu'ailleurs, ne consiste pas à entrer aveuglément dans tous les sentiments
de l'objet aimé, mais au contraire à conserver intacte la liberté de
son esprit pour le juger et l'avertir. Mais cela veut dire encore et
surtout qu'on n'est point membre d'une assemblée politique pour
acquitter des dettes de reconnaissance privée, et que l'office d'un
Corps législatif est de contrôler et de contenir, non de contenter ou
de consoler le pouvoir. Cela veut dire enfin que si le régime des candidatures officielles rend ce devoir de contrôle difficile surtout aux
plus honnêtes, en faisant naître dans leur cœur un conflit de sentiments qui les gêne, on peut excuser les personnes, mais c'est le
système qui crie vengeance et dont il faut faire sans pitié et prompte-
ment justice.

Car enfin veut-on recommencer, l'expérience n'est-elle pas suf-
fisante et la mesure n'est-elle pas comble? Veut-on courir la chance

d'envoyer une fois de plus des soldats Français mourir loin de France, sur des rives et pour des causes inconnues? Veut-on que notre diplomatie continue à s'engager dans des complications mystérieuses, essayant de tromper tout le monde pour finir par se tromper elle-même et trébucher dans ses propres filets? Si cette perspective sourit aux électeurs, s'ils sont prêts surtout à solder encore une fois la carte à payer, que des guerres si sagement entreprises et des négociations si bien conduites amènent fatalement à leur suite, ils n'ont qu'à dire, ils sont les maîtres : ils n'ont qu'à recommencer eux-mêmes à nommer des représentants d'humeur et de situation à tout subir. La cause renaissant, l'effet ne peut manquer de se reproduire. C'est bien vainement qu'on se rassurerait en pensant qu'on ne fait pas deux fois dans un règne des fautes comme celles du Mexique et de Sadowa, et que rien à l'horizon, en ce moment, n'inspire la crainte ou la tentation de telles récidives. Ce calme, fût-il vrai, serait trompeur et ne donnerait aucune garantie : car des affaires comme celle du Mexique, engagées sans prétexte et poursuivies sans réflexion, — entreprises sans savoir pourquoi pour être terminées sans savoir comment — peuvent toujours naître à l'improviste : comme rien ne les justifie, rien ne les fait prévoir ; comme elles ne sont le fruit d'aucun calcul, elles trompent tous les pressentiments. Mais si le Mexique est bien loin, j'en conviens, la Prusse, elle, est malheureusement présente et voisine. De ce côté, rien n'est fini et tout peut éclater à toute heure. Les électeurs le savent apparemment, car les avertissements ne leur manquent pas. Ce n'est pas à des intervalles lointains ni à de rares échéances, c'est tout de suite et tous les jours que nous sommes menacés par une certaine portion de la presse (et celle qui avoisine le plus le gouvernement) d'avoir à nous mettre en nouveaux frais pour réparer le dommage que nous-mêmes avons causé. Les mêmes gens qui ont engagé la France en 1866 à laisser croître la Prusse sans opposition — quand tous les traités l'autorisaient, l'obligeaient même à y faire obstacle — quand il suffisait de lever le doigt pour l'empêcher — ces mêmes politiques à longue vue, aujourd'hui que le mal est fait, que de nouveaux traités le consacrent et que l'Allemagne tout entière est en armes et en feu pour les défendre — n'imaginent rien de mieux que de lancer la France à toute bride pour se briser la tête contre le mur qu'ils ont eux-mêmes élevé. Il nous en a coûté déjà 300 millions pour laisser faire l'Allemagne : allons-y hardiment et donnons un milliard pour la détruire. Ainsi parlent les mêmes conseillers inspirés par la même sagesse. Si l'on veut que leurs avis aient le même succès, on n'a qu'à leur envoyer les mêmes députés pour les suivre. Le passé nous répond de l'avenir, et nous savons d'avance comment, avec des mandataires choisis dans la catégorie officielle, toutes choses couleront en douceur. Nous voyons d'ici la guerre déclarée à la Prusse, par suite à l'Allemagne, peut-être à l'Europe entière, avec l'assentiment passif d'une majorité gémissante qui contera tout bas ses regrets aux couloirs du palais législatif. Mais si la France, instruite par l'expérience ou réveillée par une crainte salutaire, se met à la fin en tête que c'est son droit de faire la paix ou la guerre comme elle l'entend, puisque l'une et l'autre se font à ses dépens — de voter réellement l'impôt puisqu'elle le paye, et l'emprunt puisque c'est son épargne qui le remplit et son crédit qui l'assure — alors elle n'a qu'un moyen — mais il est très-simple — de rentrer tranquillement en possession de ces droits essentiels à une nation digne de ce nom. Elle n'a ni révolution à faire, ni même une ombre de changement à apporter aux institutions existantes. Il lui suffit de désigner des représentants qu'aucun engagement n'empêche d'opposer à une parole tombée du trône un *non* respectueux mais ferme. Assez de mandats de confiance suivis de votes de complaisance. L'heure est venue de vouloir et de savoir. Qu'elle s'y prenne cette fois à temps pour ne pas livrer à des mains liées ou défaillantes son argent avant qu'on le dépense ou son sang avant qu'on le verse.

PARIS. — IMP. SIMON RAÇON ET COMP , RUE D'ERFURTH, 1.

www.ingramcontent.com/pod-product-compliance
Lightning Source LLC
Chambersburg PA
CBHW050744070726
47597CB00009B/4069